MW00806811

Manipulación y psicología oscura

Cómo dejar de ser manipulado y analizar instantáneamente a las personas de pies a cabeza

Por Edward Brandon

expreso de la editorial. Quedan reservados todos los derechos adicionales.

Además, la información que se encuentra en las páginas descritas se considerará exacta y veraz en cuanto a la narración de los hechos. En este sentido, cualquier uso, correcto o incorrecto, de la información proporcionada exime al editor de la responsabilidad de las acciones realizadas fuera de su ámbito directo. En cualquier caso, no hay ninguna situación en la que el autor original o la editorial puedan ser considerados responsables de ninguna manera por cualquier daño o dificultad que pueda resultar de cualquier información discutida aquí.

Además, la información contenida en las siguientes páginas está destinada únicamente a fines informativos y, por lo tanto, debe considerarse universal. Conforme a su naturaleza, se presenta sin garantía en cuanto a su validez prolongada o calidad provisional. Las marcas comerciales que se mencionan se hacen sin el consentimiento por escrito y no pueden considerarse en modo alguno un respaldo del titular de la marca.

Table of Contents

Introducción

¡Felicitaciones por la compra de *Manipulación y Psicología Oscura*, y gracias por hacerlo!

A lo largo de los siguientes capítulos, se tratarán los conceptos fundamentales de la manipulación y la psicología oscura: qué es, las diferentes estrategias y filosofías que hay detrás de su práctica, algunos ejemplos del mundo real para ilustrar a fondo cada tema y ejemplos de investigación que respaldan la aplicación de estas prácticas. Conforme leas este libro, descubrirás los mundos ocultos de la psique humana y el poder innato en todos nosotros, a la espera de ser aprovechado y analizado.

En el capítulo 1, aprenderás de qué hablamos exactamente cuando nos referimos a la "psicología oscura". Dicho término suena como un tipo de brujería -casi- y para muchos que han sufrido a manos de un experto en psicología oscura, como el narcisista, lo es en gran medida. Trataremos el poder del lenguaje en todas sus formas, así como la influencia que un ser humano puede tener sobre otro después de haber dominado este arte hacia sus intenciones y propósitos.

En el capítulo 7, vamos a cambiar un poco de marcha para centrarnos únicamente en cómo puedes protegerte personalmente contra la psicología oscura y las técnicas de manipulación. Lo que aprendas en esta área te servirá para entrenar a tu cerebro a captar las señales sutiles de que alguien está tratando de manipularte de alguna manera. Las reconocerás porque has leído sobre ellas y has analizado muchos ejemplos de estas prácticas puestas en práctica. Algunas personas simplemente no tienen mucha práctica, pero otras, como algunos de los famosos asesinos psicópatas sobre los que la gente discute durante décadas después de haber sido condenados por sus crímenes, seguramente pasaron toda su vida perfeccionando estas habilidades de forma automática como medio para satisfacer su naturaleza y los deseos y miedos inherentes a sus trastornos de personalidad. Este es un tema fascinante, pero también uno que merece mucho respeto, no sea que te encuentres confiando en la persona equivocada o te dejes absorber por el "encanto" de alguien.

El capítulo 8 se adentra en los aspectos técnicos del análisis de las personas, hasta los detalles. Trataremos temas como la lectura en frío, el reflejo y la comprensión del carácter humano en sus diversas formas. Analizaremos cómo la sociedad ha moldeado la naturaleza y el instinto humanos, en ocasiones para bien y, a menudo, para mal.

Las microexpresiones y el lenguaje corporal son los temas del capítulo 9, en el que veremos de cerca algunos ejemplos de personas que se encuentran en el mundo real para analizar cómo interactúan y cómo se puede aprender a captar cosas que la gente normalmente ni siquiera nota, excepto en su subconsciente. Aprenderás qué es lo que debes buscar para tener una idea del tipo de impresión que estás causando en otra persona. Estudiaremos específicamente estas señales que tienen lugar en una situación en la que un hombre está tratando de comprometerse y coquetear con una mujer en la escena de las citas.

Finalmente, en el capítulo 10, te ofreceremos un análisis exhaustivo de los tipos de personalidad, tal y como los esbozaron y establecieron Katharine Cook Briggs y su hija Isabel Briggs Myers. Dichos indicadores se reúnen en grupos de 4 para determinar su tipo de personalidad en función de sus respuestas a una serie de preguntas. Vamos a ver cómo leer y entender cada uno de estos indicadores, así como una breve discusión de varios de los tipos de personalidad y su frecuencia de aparición en la población estadounidense actual.

Existen muchos libros sobre este tema en el mercado; ¡gracias de nuevo por elegir este! Nos hemos esforzado al máximo para que contenga la mayor cantidad posible de información útil. ¡Esperamos que lo disfruten!

Capítulo 1: Objetivos favoritos de los manipuladores emocionales

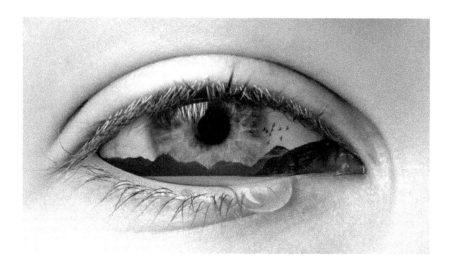

Los manipuladores emocionales se dirigen a personas muy empáticas. Esto significa que gravitan hacia las personas que tienen una gran capacidad de sentir por los demás y tienen el deseo de tratar activamente de aliviar sus dificultades. Los narcisistas pueden detectar quiénes son sensibles y harán todo lo posible por ayudarlos. Los de la iteración encubierta son especialmente hábiles a la hora de hacerlos caer en su red. Si das señales de ser una persona muy compasiva, ya están pensando cómo van a engancharte. Normalmente sacarán una historia triste al poco tiempo de conocerlos. Al ser una persona empática, sentirás simpatía por esa persona porque está pasando por un momento muy duro.

Un empático tiene un sentido de las emociones de otras personas. Puede leer las expresiones faciales de alguien y otras señales no verbales para ver lo que está sintiendo. Si escuchan una historia sobre una experiencia dolorosa por la que ha pasado otra persona, es probable que se estremezcan porque se imaginan cómo sería eso con todo lujo de detalles. Proporcionan energía emocional a otras personas, a menudo a expensas de su propio bienestar. Se ocuparán de los demás y no de sí mismos. De hecho, sentirán que no han dado lo suficiente. Si das demasiado y no pides nada a cambio, no vas a atraer a buenos amigos que te den lo mismo que tú les das a ellos. Vas a atraer a personas que toman y no dan nada a cambio.

Los manipuladores emocionales también se fijan en las personas con baja autoestima. Cuando una persona no tiene una buena opinión de sí misma, no sentirá que merece un trato adecuado y estará dispuesta a soportar el abuso. Esta es la razón por la que si luchas con tu autoestima, tienes que tener cuidado con lo que te piden los demás. No quieres asumir más de lo que puedes manejar. Una persona que siempre necesita que hagas algo por ella es un vampiro emocional. Sustituyamos la palabra "necesitar" por querer para dejar al descubierto sus verdaderas intenciones. Intentan encontrar el límite de lo que pueden conseguir que des y hagas por ellos.

Irremediablemente, te sentirás resentido con esta persona porque, por muchos recursos que le dediques para que esté mejor, seguirá teniendo los mismos problemas que tenía antes de llamarte. Te dirán que están muy agradecidos por tu ayuda y te hablarán de los buenos tiempos que se avecinan. No te dejes engañar. Los buenos tiempos nunca llegarán. Justo cuando termines de lidiar con una crisis, otra estará a la vuelta de la esquina.

Esto no quiere decir que tengas que perder toda la empatía al tratar con la gente y no volver a ayudar a nadie. Hay gente que realmente está atrapada en una situación de la que no puede salir a menos que otros le ayuden, y es algo honorable ser la persona que les tiende la mano. La lección aquí es cómo no dejarse convertir en un objetivo para que un narcisista encubierto se aproveche de él. Hay algunas maneras de distinguir entre una persona que realmente necesita ayuda y un vampiro emocional.

Si la persona realmente ha caído en tiempos difíciles y quiere ayuda, estará dispuesta a aceptarla. Le dirá cuál es el problema, repasarás las posibles soluciones, le agradecerás que te escuche y luego pasarás a temas más felices. Con un narcisista encubierto, el problema será el mismo de siempre. Así, por ejemplo, están en una relación insana y han tenido otra discusión y tal vez hasta hayan roto con esa persona. Estarás sometido a escuchar interminables quejas sobre su relación.

Lanzarán un insulto tras otro a la persona. Si intentas decirles que deberían dejar a la persona y que estarán mejor sin ella, dirán que no pueden porque aman a la otra persona. Puede que de vez en cuando digan "me estoy preparando para dejarlo", pero solo lo dicen para mantener el flujo de tu apoyo. Además, cuando dicen esto, están pensando en cuándo van a volver a ver a esa persona. Nunca llega el momento en que el problema se resuelve y se puede pasar a otra cosa. Esto se debe a que entonces el foco de atención no estaría en ellos.

Un vampiro emocional pretende crear una sensación de desesperanza en el aire. No intentan desahogarse con un amigo. Intentan agobiarte. Al final te sentirás frustrado porque rechazan cualquier posible solución que les des para sus problemas y te sentirás menos interesado en intentar ayudarles. Si manifiestas estar cansado de escuchar siempre el mismo problema, entonces serás el villano. Actuarán como si te enfadaras con ellos por necesitar ayuda. Ellos te harán sentir como si fueras egoísta. Sin embargo, a ti te molesta escuchar a un amigo desahogarse. Estás cansado de volver a tratar el mismo problema una y otra vez sin que se produzca ningún progreso. No estás más cerca del final que las últimas cientos de veces que hablaste del tema.

La persona que está pasando por un problema que pretende solucionar, no juega con la mente. Te dicen exactamente lo que está pasando. Con un narcisista encubierto, a veces ni siquiera te dirán por qué están molestos. Ellos harán evidente que son infelices de manera que se crea una nube oscura sobre la habitación, pero cuando les preguntas qué está mal, ellos dirán "nada, estoy bien" o "no puedo decirte". Aunque no te dirán lo que pasa, tampoco dejarán de actuar de forma hosca.

Se frustrarán cada vez más si no consigues averiguar qué les preocupa. Puede que no haya nada que les preocupe. Solo quieren que intentes consolarlos aunque no sepas cuál es el problema. A los vampiros emocionales les encanta ver que otras personas intentan volcar en ellos toda la energía posible. Esto les da una sensación de poder para compensar la impotencia que sienten en su interior. Los narcisistas encubiertos se sienten impotentes y por eso obtienen una sensación de poder al ganar simpatía.

No es poco compasivo decirle a una persona que no. En última instancia, es responsabilidad de cada uno salir por sí mismo de una mala situación. Si realmente es una emergencia, tienen que llamar a la policía. En realidad no hay nada que puedas hacer por ellos. Lo único que podría conseguir es que te molesten con sus teatrillos.

Esto es algo más que debes saber. Se trata de teatro. Están exagerando la gravedad de su situación. Una emergencia es cuando la vida de alguien está en peligro. Cuando tienen un problema y necesitan desahogarse y tú no estás disponible, pueden encontrar a otra persona con la que hablar. Con la tecnología que tenemos hoy en día, podrían conectarse a Internet y encontrar un sitio web para desahogarse con alguien de forma gratuita si la necesidad es tan desesperada.

Los trastornos emocionales existen. Para una persona que los padece son un reto, y necesitan recibir el tratamiento adecuado para ayudarles a sobrellevar sus luchas. Sin embargo, si una persona sufre una enfermedad emocional o mental, tiene la responsabilidad de asegurarse de que recibe la atención que necesita. Eso significa que tiene que acudir a una persona que realmente pueda ayudarle, como un terapeuta. No es correcto que alguien confíe en ti para que seas su terapeuta a tiempo completo. No estás equipado para manejar los problemas de salud mental.

Un narcisista encubierto te dejará un mensaje con un tono extremadamente desesperado para sacar los instintos de protección que hay en ti. También corres el riesgo de pasar por alto el hecho de que esta es una situación en la que se metieron y de la que necesitan salir.

Resulta admirable el deseo de echar una mano a todo aquel que lo necesite. Significa que tienes un corazón bondadoso y eres sensible a las necesidades de los demás. No hay que eliminar este instinto, pero hay que aprender a moderarlo. Seguro que has oído hablar de esa persona que "quiere ayudar a todos los perritos y gatitos".

 Si te hundes demasiado en esta mentalidad, te encontrarás con una serie de problemas. Primeramente, darás más energía emocional de la que recibes porque lo estás dando todo a aquellos que probablemente no pueden o no quieren devolverlo. Te pondrás siempre en último lugar, lo que significa que puede que ni siquiera te des cuenta de lo que necesitas hasta que sea desesperante. Así, por ejemplo, si ayudas a todo el mundo antes de pensar en ti mismo, puedes tardar mucho tiempo en darte cuenta de que estás a punto de agotarte mentalmente y, para cuando lo hagas, estarás a punto de sufrir un ataque de nervios. Plantéate tus propias necesidades antes de que se conviertan en una emergencia. Por último (y esto es lo más peligroso), un corazón demasiado dadivoso se aprovechará.

Incluso si se trata de una persona que realmente ha pasado por momentos difíciles, puede convertirse en una carga para ti si le haces saber que siempre puede llamarte y que dejarás de hacer lo que sea para atender sus necesidades, sin importar el coste personal que suponga para ti. Es posible que su historia sea realmente triste y que sientas lástima por ellos, pero esto no puede anular tu autopreservación. Tienes que aprender a decir a la gente "no puedo ayudarte en este momento". No te sientas culpable por decirle esto a alguien que te ha pedido demasiado. Sin duda, esa sería su respuesta si la necesitaras.

Puedes encontrar formas de satisfacer la necesidad de ayudar a los demás sin dar demasiado de ti mismo o sin que se aprovechen de ti. En la tienda de comestibles, a menudo existe la oportunidad de dar unos cuantos dólares a una organización benéfica, por ejemplo, para un hospital infantil o una escuela. Si te sobra, puedes hacer una donación. Puedes ser voluntario en una línea de ayuda en caso de crisis, donde puedes salvar potencialmente la vida de alguien que lo está pasando mal. Además, habrá un momento en el que te hayas despedido de la noche y ya no estés disponible, lo que te dará tiempo para reponer fuerzas.

Piénsalo así. Si tu coche se está quedando sin gasolina, va a llegar a un punto en el que por mucho que pises el pedal del acelerador no vas a conseguir que siga adelante. Se parará sin importar lo que intentes hacer para mantenerlo en marcha. Tu única opción es volver a llenar el coche de combustible. A los humanos nos pasa lo mismo. Si nunca nos damos a nosotros mismos y solo intentamos dar más a los demás, no tardaremos en quedarnos sin combustible.

Hay que enseñar a la gente a tratarte. Incluso las personas que no tienen un trastorno narcisista de la personalidad pondrán a prueba sus límites contigo cuando te conozcan. Piensa en un profesor de escuela. Si les hacen saber a sus alumnos que habrá consecuencias si rompen las reglas y cumplen con estas reglas y consecuencias, terminarán con una clase generalmente bien educada. Se sentirán satisfechos porque el tiempo que pasen con sus alumnos será productivo y sus interacciones serán más positivas.

Por otro lado, si no se establece un sistema de disciplina estructurado en el aula desde el principio, acabarán con un grupo de alumnos revoltosos que no siguen las normas porque saben que no habrá consecuencias. Si nunca establecen una política sobre el uso de los teléfonos móviles, se sentirán cada vez más frustrados al ver un aula llena de estudiantes que juegan con sus teléfonos y envían mensajes de texto en lugar de escuchar la clase del día. Además, si tienen políticas demasiado laxas al principio y luego tratan de endurecer las normas más adelante en el año, habrá dos efectos secundarios negativos.

El primero es que quitarle a alguien los privilegios que tenía antes hará que su opinión sobre ti empeore. Los alumnos se quejarán de que el profesor ya no es "amable". El segundo efecto secundario es que cuando no se han establecido límites con alguien, va a ser difícil intentar entonces establecer algunos y hacer que respeten estos límites. Al profesor le va a costar mucho conseguir que los alumnos guarden sus teléfonos durante la clase a mitad de curso cuando hasta ese momento han podido utilizarlos libremente. Ellos se rebelarán y protestarán para recuperar sus privilegios anteriores.

Ponerse en primer lugar tiene mala fama, pero hay que aprender a hacerlo. ¿Has oído alguna vez la frase "la caridad empieza en casa"? Esto significa que si no tienes tus propias necesidades cubiertas, no debes pensar en dar a los demás. Tomando la frase al pie de la letra, imagina a un hombre que tiene el sueño de eliminar el hambre en el mundo, pero que tiene dificultades económicas. Se encuentra en un aprieto esta semana y tiene muy poco dinero para gastar en comida. ¿Sería inteligente para él dar la comida que pudiera comprar a los demás? La respuesta es no. Si se privara de comida para intentar dársela a los demás, se debilitaría por la desnutrición y, si siguiera así durante mucho tiempo, no tendría energía para trabajar y mantenerse. ¿Qué podría dar entonces a los demás?

Si le das todo lo que tienes a un narcisista, será un desperdicio. No lo apreciarán, ni dudarán en tomar más de ti. No se dan cuenta cuando han tomado demasiado de alguien y que pueden necesitar un descanso. Por eso, tienes que averiguar cuándo estás en tu límite y amarte lo suficiente como para respetar ese límite.

Capítulo 2: Tácticas de manipulación encubierta más importantes

Puede llegar a ser un reto seguir el ritmo del comportamiento errático de un narcisista. Esto es así porque operan en un bucle constante de tácticas. Se comportarán de cualquier manera que crean que hará que respondas a ellos de la manera que ellos quieren. Por eso se llama táctica de manipulación.

A continuación te presentamos una lista de términos que debes conocer. Es una lista de tácticas que encontrarás en la bolsa de trucos de todo narcisista. Son maneras de confundir, manipular y controlar. Si has tenido una relación interpersonal profunda con un narcisista, has estado en el extremo receptor de cada una de estas.

- **Proyección -** Esto ocurre cuando una persona te asigna cualidades que tiene. Por ejemplo, te acusan de mentirles cuando son ellos los que mienten.
- **Gaslighting -** Esta es una palabra utilizada para describir cómo un narcisista pretende hacer que sus víctimas se cuestionen su propia cordura. Te dirán "yo nunca he dicho eso" cuando saques a relucir cosas, ellos dijeron que te escucharon. "No ocurrió así", es algo que suelen decir

también antes de recordarte lo defectuosa que es tu memoria.

- **Negación -** Un narcisista nunca reconocerá nada de lo que hace. Incluso cuando se les ha pillado con las manos en la masa, seguirán actuando como si no hubieran hecho lo que ambos saben que les vieron hacer.

- **Intimidación -** Puede tratarse de una amenaza física o emocional. También puede ser una amenaza de daño físico real. Puede ser una amenaza de destruir la reputación de la otra persona contándole a otros cosas que le dijo en confianza. Si hay niños de por medio, pueden amenazar con llevárselos.

- **Ampliar los problemas -** Para un narcisista, todo es lo mejor o lo peor. No hay un punto intermedio. Cuando haces algo malo, lo exageran. Si faltas a su llamada, se pondrán histéricos por tu abandono. Cualquier cosa que hagas mal, te harán sentir como si hubieras cometido un asesinato. Con un narcisista encubierto, estás en un pedestal. Tú eres la única persona que ha sido buena para ellos. Es solo cuestión de tiempo que cometas un error y caigas en desgracia. En ese momento, te convertirás en la peor persona a sus ojos. Para alguien con una personalidad narcisista, solo ven blanco y negro.

- **Acoso intelectual** - Esta es una táctica para hacer que la otra persona se sienta poco inteligente. Otro ejemplo de acoso mental es preguntar continuamente a la otra persona si sabe lo que significan las palabras. Si bien no se dice explícitamente, se da a entender que tiene un vocabulario limitado.

- **Insultos** - Piensa en el matón de la escuela secundaria que pone nombres insultantes a sus víctimas. No es necesario que estas palabras sean profanas para que sean hirientes. A la otra persona le dicen que es estúpida, incompetente, poco atractiva y otras cosas que socavan su fe en sí misma. Los insultos tienen como objetivo degradar a la otra persona y destruir su autoestima. Se trata de una falta de respeto. Es inaceptable. Hay una manera de discutir en una relación, y los insultos nunca forman parte de ella.

- **Acondicionamiento -** Una persona que ha sufrido un abuso narcisista prolongado no estará conectada con su propia identidad. Caminan sobre cáscaras de huevo porque saben lo que pasará si no lo hacen. Se les ha entrenado, por así decirlo, para que se comporten de la manera que su pareja quiere que lo hagan, en lugar de su ser genuino. Los narcisistas tienen a la persona convencida de que no es digna de un trato mejor y de que tiene suerte de que alguien quiera estar con ella.

- **Amor asfixiante -** Esta táctica es la forma en que atrajeron a la víctima en primer lugar. Sitúan a la persona en un pedestal y la colman de adoración y cumplidos. Esto también se conoce como "bombardeo de amor". Históricamente, en los ciclos de las relaciones abusivas se ha denominado "fase de luna de miel". Se trata de un deseo genuino de expiar los errores cometidos.

Actúan como si estuvieran profundamente arrepentidos por lo que han hecho y lo expresan a través de una cantidad excesiva de gestos de humildad y grandes. El narcisista hace esto cuando se da cuenta de que está perdiendo a la persona y necesita dar un respiro a las tácticas duras si quiere preservar la conexión. La víctima vuelve a ellos y, por un tiempo, parece que las cosas vuelven a ser como en los buenos tiempos. Que no te engañe esto. Un narcisista siempre volverá a su antiguo hábito. La asfixia amorosa en sí misma es su antigua costumbre porque no era más que una estratagema para que te reconcilies con ellos.

A los narcisistas les gusta reescribir la historia. Así, por ejemplo, pueden decirte algo grosero y luego tratar de hacerte creer que no los escuchaste bien. Digamos que estás en una relación con ellos. Ustedes tienen una discusión y ellos dicen "mi ex nunca hizo eso". Te sientes herido porque te están comparando desfavorablemente con una pareja anterior.

Además, esto te hace sentir insegura y te preguntas por qué han dicho eso. Cuando les llamas la atención, te dicen que no recuerdan haber dicho eso. Tú insistes en que sí les has oído decir eso y repites palabra por palabra lo que han dicho. Una mirada se les cruza en la cara y dicen "Oh, estás hablando de eso. No has entendido nada de lo que he dicho". Te dicen que eso no es lo que dijeron y que quisieron decir algo diferente.

No importa cuántas veces les digas que sabes lo que han dicho y que lo has oído bien, ellos insisten en que no es así. Después de un tiempo, empiezas a cuestionar tu memoria. Piensas "tal vez realmente lo escuché mal o no lo recordé correctamente".

Un narcisista quiere que te cuestiones en todo momento. Dirán que algo no ocurrió aunque ambos estuvieran allí, y lo dirán tantas veces que empezarás a desconfiar de ti mismo. Esto es gaslighting, y no puedes permitir que te lo hagan. Confía en tu memoria. Si sabes que han dicho o hecho algo, estás en lo cierto.

"Has entendido mal lo que intentaba decir". Esta es otra frase común que un narcisista dirá. Tiene varias funciones. En primer lugar, es una forma de gaslighting. También te hace sentir poco inteligente. Se han pintado a sí mismos como una víctima inocente y a ti como un zoquete, además de ser demasiado sensible.

Otra táctica de manipulación que los narcisistas suelen utilizar es decir algo desconsiderado con la intención de ofenderte, y luego decir que era una broma y actuar como si estuvieras tenso por no pensar que era divertido. Lo que es aún más vicioso de este comportamiento es que sus "bromas" serán sobre algo que saben que es un botón sensible para ti. Así, por ejemplo, si no te gusta el aspecto de tu nariz, harán un comentario sobre ella. Entonces se espera que no reacciones a esto para que no seas "demasiado sensible".

Esto lleva a otro punto que necesita ser discutido sobre el comportamiento narcisista estándar. Te dirán que eres demasiado sensible cuando te enfades por las cosas hirientes que dicen. Te están tendiendo una trampa. Sería como verter café caliente sobre alguien y luego decir que no tiene tolerancia al dolor cuando grita de dolor.

Otra táctica de manipulación que debes tener en cuenta es el uso de la sexualidad para atraparte y cegarte a sus siniestras intenciones hacia ti. Hay una fuerte correlación entre el narcisismo y la hipersexualidad. Esto es más que simplemente ser coqueto. Los narcisistas encubiertos utilizan esto en la etapa de bombardeo de amor de la relación. Bombardean a la persona con sexo y esto la deslumbra. Les hace sentir que hay una profunda conexión amorosa. No cometas este error. Para un narcisista, el sexo no tiene nada que ver con el amor. Es una herramienta más que utilizan para jugar con la mente de las personas.

Es mucho más fácil evitar involucrarse con un narcisista en primer lugar que tratar de desenredarse de su abuso. Hay una serie de señales de advertencia de que estás siendo manipulado por un narcisista.

- El primer signo de manipulación narcisista es difícil de detectar porque no parece malo. Tienen todo el tiempo del mundo para ti. Te llaman, te mandan mensajes y te visitan constantemente. Resulta que comparten todos y cada uno de tus intereses y están de acuerdo con todo lo que dices. Pareciera que has encontrado otra versión de ti y comienzas a preguntarte dónde ha estado esa pareja tan perfecta para ti durante toda tu vida. ¿Has oído alguna vez la frase que dice que si algo es demasiado bueno para ser verdad, lo más probable es que lo sea? Aquí se trata de un narcisista que te está bombardeando con su amor. No te está presentando su auténtico yo. Ha elaborado cuidadosamente un personaje diseñado para "engancharte".

- Un narcisista también te perseguirá agresivamente. Comenzará siendo halagador y luego se volverá abrumador. Su misión es conquistarte, pero no se trata de sentimientos genuinos. Para ellos, tú eres una conquista. Así es como un narcisista ve a sus parejas. No se enamoran de las personas. Disfrutan de la fase de persecución.

- Hay otro aspecto de cómo los narcisistas eligen a las personas para perseguir. Hay algunas personas que no pueden interesarse por alguien si no hay algo tabú en ello. Una persona verdaderamente decente no intentará interferir en la relación de otra persona.

Desconfía de alguien que te diga que no le gusta cómo te trata tu pareja y que podrías hacerlo mucho mejor. Es probable que sus intenciones no sean puras. Buscan causar la destrucción de una relación.
Quieren meterse en algo que es un secreto. También es posible que solo quieran sexo sin tener que lidiar contigo. Cualquiera que sea su motivo final, es uno que viene de un lugar de egoísmo. No dejes que te

convenzan de que se trata de un profundo cariño hacia ti.

- Piensas que esta persona es "más grande que la vida". Parecen tener una personalidad enorme que rebosa carisma. Son personas muy intensas que tienen un alto nivel de energía. Te parecerá una persona impresionante. Lo más probable es que le hablen de grandes logros pasados y de sueños aún más ambiciosos (lo más probable es que exageren o incluso se inventen estas impresionantes credenciales).

- Todo gira en torno a ellos. Los narcisistas no pueden hablar ni pensar en otra cosa que no sea en ellos mismos. Parece que piensan que están en una película y que el mundo es su escenario. Si tratas de hablar de ti, se aburrirán. Esto se relaciona con otra señal de advertencia de un narcisista. A menudo les oirás decir que están aburridos.

- Estás empezando a cuestionar tu propio juicio y tu memoria. Esto se debe a que la manipulación del narcisista está diseñada para hacerte dudar de ti mismo. Comienzas a preguntarte si realmente no dijeron algo que recuerdas claramente que dijeron.

Si conoces a una nueva persona y te das cuenta de que comparte muchas cualidades con personas de tu pasado que eran narcisistas, no te acerques a ellas. Únicamente trata con ellos lo necesario. No desarrolles una relación interpersonal profunda con ellos. Esta persona no será diferente de las últimas que compartían exactamente las mismas características con las anteriores.

Asimismo, no caigas en la trampa de pensar que la persona te tratará de forma diferente a como trató a las personas de sus relaciones anteriores porque eres único. Si te cuentan algo horrible que le hicieron a una pareja anterior, te harán algo parecido. Te convencerán de que todos sus ex eran mentalmente inestables, pero recuerda esto. La forma en que una persona te habla de otras personas es exactamente la forma en que habla de ti con otras personas. Cuando tu relación con ellos llegue a su fin, serás sin duda uno de los "ex locos".

La forma en que una persona te trata dice mucho más de ella que de ti. Probablemente intentarán hacer ver que eres la única persona a la que han hecho esto y que tratan bien a todos los demás. Que no te engañen.

Un narcisista trata a todo el mundo de la misma manera eventualmente. Cualquiera que pase una cantidad significativa de tiempo con ellos quedará expuesto a sus verdaderos colores. Tratan de decirte que eres el único porque quieren que sientas que has provocado su comportamiento. No hay nadie que pueda provocar la reacción de otra persona. Alguien puede hacerte sentir de una manera determinada, pero en última instancia es tu elección cómo reaccionas a ello. No obstante, esa es una característica distintiva de un narcisista. No asumirán ninguna culpa por sus propias acciones. Te señalarán con el dedo. "Tú me obligaste a hacerlo" es una de sus frases favoritas.

Uno de los aspectos centrales de este trastorno de la personalidad es la rabia narcisista. Aunque no parece encubierta, sigue siendo manipuladora. Si bien se presenta como este estallido de emoción profunda que proviene de un lugar de profundo dolor, en realidad tiene un propósito. Es para hacer que vuelvas a caer en la línea. Has hecho algo que no les gusta y ahora van a mostrarte lo que va a pasar si intentas hacerlo de nuevo. Puede ser muy aterrador porque no actúan como la persona, que fueron en un principio en absoluto. De hecho, ni siquiera actúan como una persona.

A menudo la gente describe al narcisista como si estuviera poseído por un demonio cuando está en su modo de rabia. Todo el supuesto amor que tenían por ti no se ve por ninguna parte. Te miran como si estuvieran mirando a alguien a quien no tienen más que desprecio. Te gritan y maldicen. Te dicen cosas que son viles y están destinadas a causar cicatrices permanentes en tu psique. Esto no es un arrebato emocional. En cierto modo, la rabia narcisista es calculada, porque está diseñada para hacerte daño. Los narcisistas encubiertos están obsesionados con devolver el daño a alguien cuando sienten que han sido perjudicados por ellos.

Guardan un registro mental de todos y cada uno de los incidentes y a menudo pasarán el día planeando el momento exacto en el que dejarán salir su rabia una vez que han decidido que este es el día, que lo van a hacer. Empezarás a reconocer cuándo se acerca un episodio de ira. Se quedarán callados durante todo el día. Recibirás respuestas de una sola palabra. Cuando les preguntes qué les pasa, te dirán que todo está bien, aunque con voz molesta. El comportamiento hosco continuará y entonces dirán que no están enfadados contigo, pero si sigues preguntándoles si lo están, lo estarán. Se trata de una amenaza muy poco disimulada, si es que existe un velo en este momento.

Conforme avance la velada, sacarán a relucir más y más problemas. Pusiste una bebida en la mesa sin posavasos, te olvidaste de cambiar la caja de arena del gato. Te disculpas y te levantas para hacerlo, pero te dicen "no, ya he empezado, vuelve a sentarte y sigue viendo tu programa". Insisten en cambiar la caja, pero se quejan todo el tiempo y dicen cosas como "realmente no necesitaba tener esto encima de todo lo que tengo que hacer".

Esto es para hacerte sentir culpable por lo que les has puesto. No importa el hecho de que intentaste hacerlo tú mismo pero ellos insistieron en ser los que lo hicieran (tampoco tienen en cuenta el hecho de que cuanto más regañes a una persona, más olvidadiza será. Cuando te critican continuamente, solo podrás pensar "por favor, no dejes que me equivoque otra vez y les des más munición" Es entonces cuando cometerás más errores que nunca). Tuviste tu oportunidad de cambiar la caja y la desperdiciaste, así que ahora es demasiado tarde y es cuando comienza tu castigo.

No te dejan corregir tu error, pero tampoco lo dejan pasar. Esto está diseñado para que te sientas lo más incómodo posible. Tu estómago se retorcerá en nudos y tu corazón palpitará con fuerza. Guardarás silencio porque no quieres decir algo incorrecto y entonces empezarán a hacerte más y más preguntas porque "no te limitas a callarlas como si no importaran". Habrá más y más críticas hasta que finalmente comiencen la diatriba que secretamente han querido hacer durante meses.

Los narcisistas abiertos son famosos por su rabia narcisista. Esta es una respuesta directa a la lesión narcisista. Tienen una frágil autoestima dañada. Quieren ser vistos como perfectos y tú has expuesto un defecto en ellos. También ocurre cuando no consiguen lo que quieren. También ocurre cuando alguien les critica. No importa qué tan gentilmente intentes sacar a relucir un defecto en el carácter de un narcisista, no es lo suficientemente gentil. Independientemente de la circunstancia, les hace sentir fuera de control. No pueden expresar miedo porque en su mente eso es un signo de debilidad, así que se traduce en una ira extrema.

La rabia de un narcisista encubierto es diferente de la forma en que la expresaría un sobreagudo. Para ellos, es un ataque de "ira justa". Han aguantado mucho de ti y ahora por fin se defienden. Incluso cuando te gritan a todo pulmón, no pueden asumir la responsabilidad de su propio comportamiento. Lo describen como una respuesta directa a algo que tú has hecho. Probablemente te dirán algo parecido a "Hasta un santo habría perdido la cabeza hace tiempo". Esto es para elevar lo buenos que son y lo imposible que eres de tratar. De alguna manera, esto hace que los narcisistas encubiertos sean aún más diabólicos, porque al menos un narcisista encubierto será dueño de su ira.

Inmediatamente después de haber sido sometido a su rabia narcisista, lo más probable es que entonces se espere que escuches historias trágicas de su infancia mezcladas con insultos dirigidos a ellos mismos. Aquí es donde se supone que debes olvidar lo despiadados que han sido contigo y consolarlos. De este modo, evitan cualquier consecuencia por sus actos.

Las cosas que dicen te romperán el corazón y te harán sentir simpatía por ellos. No solo tendrás que consolarlos por el dolor de su pasado, sino que también tendrás que construirlos mientras ellos se depriman. Te sentirás resentido porque se espera que refuerces su autoestima cuando hace unos momentos han hecho todo lo posible por reducir la tuya a la nada.

También es probable que te sientas resentido porque te han hecho saber que todo este tiempo que has pensado que todo estaba bien, no lo estaba. Tendrán una lista de quejas sobre ti durante su episodio de rabia que antes ni siquiera te habían insinuado. Por ejemplo, puede que hayas puesto una canción a menudo porque cuando se la has enseñado te han dicho que les gustaba mucho. Anteriormente, cuando la has puesto, han subido el volumen. Esto te hizo pensar que estabas compartiendo una experiencia agradable con ellos. Durante su crisis, han gritado "¡nunca me ha gustado esa canción! La odiaba y, sin embargo, la ponías una y otra vez. No puedo contar las veces que he tenido que escuchar esa molesta canción".

Cuando dicen esto, piensas en todas las veces que has puesto esa canción delante de ellos, y ahora sientes que les has hecho sufrir cada una de esas veces. Además, ahora te sientes demasiado avergonzado para escuchar esa canción incluso cuando estás solo. Mientras que antes te hacía feliz, ahora tiene un "factor de asco".

Los recuerdos sobre ella son ahora sucios y no soportas escucharla. De este modo, te han quitado esta canción. Te sientes traicionado por esta experiencia, pero no puedes explorarla ni reaccionar a todas las cosas malas que te dijo esa persona, porque ha redactado sus quejas de forma que la situación se convierte en una fiesta de lástima para ella. Luego, se escabullen jugando con tu simpatía y utilizando la carta del "pasado trágico", que les exime de la forma en que te han tratado.

Capítulo 3: Juegos mentales y otras tácticas de manipulación encubierta

Los narcisistas encubiertos se burlan de las emociones y el dolor humanos reales. Utilizan el hecho de tener los sentimientos heridos como una forma de mantener como rehenes las emociones de las personas que les rodean. El rasgo más definitorio de un juego mental es que es un juego en el que no tienes ninguna posibilidad de ganar. Fue diseñado así.

Mentir es una de las tácticas de un manipulador emocional. De hecho, les parece divertido que creas que puedes confiar en ellos. Incluso cuando les sorprendes contando dos versiones diferentes de la misma historia y les señalas los detalles que se contradicen, seguirán negándolo. Seguirán insistiendo en que todo lo que dicen es cierto. Probablemente dirán algo como "eso es lo que he dicho las dos veces. Simplemente no estabas prestando atención". Esto hace que se cuestione aún más su memoria y es también una forma de arrojar vergüenza sobre ti.

Ni te molestes en preguntarles si han empezado un rumor sobre ti. No te dirán la verdad. En realidad, esto será una prueba más para que demuestren a los demás que eres mentalmente inestable porque estás "paranoico". Si sabes que alguien ha hecho algo, eso es suficiente.

Te culparán de cosas que han ocurrido cuando no estabas allí. Ponerte a la defensiva es una de las formas en que un manipulador evitará que lo pongas en duda sobre su propio comportamiento. Un ejemplo de ello es el cónyuge infiel que acusa continuamente a su pareja de ser quien le engaña. ¿Has oído hablar de la técnica que consiste en que alguien te haga mirar una de sus manos para que no mires la otra? Este es el objetivo cuando alguien te hace esto.

Si el cónyuge que realmente está engañando pone al inocente en una posición en la que siempre está tratando de demostrar dónde estaba, con quién estaba, qué estaba haciendo, y que realmente todo era inocente, sus propios comportamientos llegarán a quedar tapados. Estarás vulnerable a perderte pistas que habrías visto de otra manera si no estuvieras tan preocupado por tratar de probar una negativa. Te encontrarás buscando en tus bancos de memoria cada interacción que hayas tenido con otra persona desde que estás con tu pareja y cuestionando su moralidad.

Los narcisistas encubiertos se especializan en avergonzarte. Los narcisistas encubiertos se especializan en avergonzarte. Cada problema entre los dos es tu culpa. Toma esto como ejemplo. Estás haciendo un examen online y tienes diez minutos para hacerlo. En ese preciso momento llega esta persona y quiere cargar una caja pesada a gran distancia.

Empieza a quejarse de lo pesada que es la caja y del daño que le hará a la parte baja de la espalda cargarla, especialmente teniendo en cuenta los problemas de espalda que ha tenido últimamente. Eres consciente de que se supone que esta es tu señal para levantarte y ayudarles, pero no puedes en este momento porque estás haciendo un examen, que te hará bajar tu nota media si lo haces mal, e intentas decirles que si esperan unos minutos les ayudarás.

No te escuchan y deciden encargarse ellos mismos de llevar la caja. Sigues haciendo el examen y, de fondo, oyes un sinfín de gemidos (los narcisistas encubiertos exageran notoriamente sus dolores y malestares al máximo). Durante todo el día siguiente, se quejan de lo mal que se sienten por su dolor de espalda y de que no deberían haberlo hecho solos.

Esto está diseñado para que te sientas culpable por no saltar y ayudarles, a pesar de que hacerlo habría perjudicado tu nota y de que también accediste a ayudarles justo después de terminar de hacer el examen. Tenlo en cuenta. Ellos no tenían que llevar esa caja sin ayuda. Les dijiste cuándo estarías disponible para ayudarles y ellos eligieron hacerlo por su cuenta para luego poder castigarte por ello y hacerte sentir que no estuviste ahí para ellos en su momento de necesidad.

A los narcisistas encubiertos les encanta hacer sentir a las personas que les han fallado. Esto se debe a que cuando sabemos que realmente hemos fallado a alguien, sentimos una sensación de vergüenza. También nos esforzamos por compensarles. Ningún narcisista adora más que cuando le suplicas que te perdone. No estarán satisfechos hasta que estés de rodillas, azotándote, diciendo cosas desagradables sobre ti mismo, rogándoles que te perdonen. Entonces finalmente considerarán que estás "tratando de luchar por la relación". Tienes que tirar por la ventana toda pizca de dignidad antes de que consideren que estás haciendo lo suficiente, e incluso entonces, te dirán que probablemente nunca te perdonarán. Entretanto, ellos consiguen preservar su dignidad y no tienen que disculparse por nada de lo que hicieron.

Una táctica de manipulación particularmente viciosa que utiliza un narcisista encubierto es amenazar con el suicidio si la otra persona no hace lo que ellos quieren. La mayoría de las veces utilizan esto cuando su víctima intenta no hablar con ellos. Dirán que te quieren tanto que no vale la pena vivir sin ti, y luego algunos se atreven a decir directamente que se suicidarán si la víctima no les habla.

También pueden hacerlo de forma más sutil y, cuando la otra persona no les responde, les dejan un mensaje diciendo que se sienten suicidas. Con ello pretenden que te sientas desesperado y que les llames. Están jugando con tu humanidad. Eres una persona amable y no quieres que se hagan daño. Sientes que serías responsable de ello si realmente se hicieran daño o se suicidaran.

Cuando un narcisista amenaza con autolesionarse, no lo dice en serio. Esta es una táctica de manipulación extremadamente abusiva. Ellos saben que tienen garantizado obtener lo que quieren si hacen esto. La mayoría de los narcisistas hablan de su propia mortalidad como una forma de perturbar a sus víctimas. Los hay que amenazan con hacerse daño a sí mismos, otros hacen afirmaciones ominosas como: "Siento que voy a morir pronto". La mayoría de las veces, cuando una persona se suicida, no le dice a nadie que va a hacerlo.

De hecho, lo que hace un narcisista es una bofetada en la cara de las personas que realmente están luchando con pensamientos e impulsos suicidas. No se sienten suicidas. Solo se aferran a cualquier medio de control que puedan tener. Es una táctica de intimidación.

En la manipulación encubierta, quieren pedir a alguien que haga algo por ellos sin pedirlo directamente. Esto es posible porque si le pides un favor a alguien, tiene la oportunidad de negarse, así que en su lugar, recurren a tácticas solapadas para asegurarse de conseguir lo que quieren.

Otra técnica a la que recurren los manipuladores emocionales es la confusión. Actúan de forma contradictoria para mantener tu cabeza en un torbellino. Aunque te hacen saber que cualquier cosa puede hacerles enfadar en cualquier momento, ni siquiera serán coherentes con lo que provoca su ira. Así por ejemplo, un padre puede enfadarse irracionalmente con su hijo cada vez que derrama una bebida.

Luego, de vez en cuando, cuando derramen algo, mirarán al padre con miedo en los ojos solo para ver una sonrisa en su cara mientras le preguntan "¿Estás bien?" y luego se ponen a hablar de cómo los objetos son reemplazables y lo único que les preocupa es que su hijo esté ileso. Si bien esto debería traer alivio, resulta ser aún más traumático para el niño porque no sabe de dónde viene esto.

Un narcisista tiene el hábito de hablar a usted, que no es lo mismo que hablar con usted. Cuando una persona te habla, entabla una conversación en la que escucha lo que tienes que decir y responde a ello. En cambio, cuando se dirige a ti, no le interesa lo que tienes que decir. Lo que quieren es que les escuches. Su discurso será rápido y hablarán con fuerza durante largos periodos de tiempo, y luego se frustrarán si pierdes la atención aunque sea por un segundo. Esto demuestra que necesitan mucha atención.

Digamos que estabas revisando tu teléfono y no escuchaste lo que te dijeron. Es normal sentirse frustrado por un momento cuando te das cuenta de que alguien no estaba escuchando, pero la mayoría de la gente lo superará y simplemente repetirá su pregunta, y entonces ambos podrán seguir adelante. En el caso de un narcisista, esto es una herida. Piensan en los extremos. Todo es un ultimátum en sus mentes. No puedes haberte distraído por un momento. Les has demostrado que no son necesarios. Incluso pueden querer que les digas qué había en tu teléfono que es más importante para ti que para ellos. A continuación, tienes que intentar convencerles de que nada es tan importante como ellos.

No es una idea sana que tu pareja tenga que ser lo más importante para ti en todo momento. Piensa en un niño que siempre reclama la atención de sus padres, incluso cuando están haciendo algo muy importante como conducir o pagar las facturas. Las facturas son la clave para que la familia tenga la vida a la que está acostumbrada, y cuando estás conduciendo, mantienes tu vida y la de todos los pasajeros del coche en tus manos. Cuando conduces, la carretera que tienes delante tiene que ser lo más importante para ti, porque de ello depende la seguridad de todos. Por ello, si una persona quiere tener una discusión, debe esperar a que el coche esté aparcado en lugar de distraer al conductor.

Muchas veces un narcisista encubierto se sentirá atraído por un narcisista abierto y formarán un vínculo traumático juntos. Los encubiertos juegan juegos mentales para atormentar al narcisista abierto también. Ellos toman a través de su propio ciclo de abuso. Dirán que han tenido suficiente y que se van. Las protestas del narcisista manifiesto para quedarse caerán en oídos sordos. Dirán palabras que son definitivas, por ejemplo: "No hay nada que puedas decir o hacer que me haga quedarme".

"Nunca podremos solucionarlo". Sin embargo, poco después de marcharse, el narcisista encubierto tendrá ganas de recibir un suministro, y llamará a la sobrecarga. Lo más probable es que sea a una hora extraña de la noche o muy temprano por la mañana, antes de que salga el sol. De esta manera, atraparán a la persona en un momento de debilidad. No darán a conocer sus intenciones. Se comportarán de forma distante aunque sean ellos los que hayan llamado. Preguntarán a la otra persona si ha estado pensando en ella, en lugar de limitarse a decir directamente "he estado pensando en ti".

Un narcisista encubierto siempre estará a punto de dejarlo ir, pero nunca liberará verdaderamente a nadie. El enfoque será que todavía están tan heridos por ti, y les tomará mucho tiempo perdonarte si es que eso puede suceder realmente, pero todavía no quieren perderte, porque valoran su relación contigo. Solamente demuestran que quieren mantener su conexión cuando tú intentas irte. Esto también es cierto en el caso de un narcisista abierto.

Abusan de las personas y las tratan con desprecio hasta que su víctima ha tenido todo lo que puede soportar y quiere salir, y entonces le rogarán a la persona que se quede. No se trata de una desesperación real. Esto es un juego mental. Quieren dejarte en un estado constante de confusión y frustración.

Otro juego mental narcisista es "poner a prueba" a la otra persona. Someten a su víctima a una batería de pruebas de su carácter. Mientras tanto, su propia personalidad nunca se pone en duda. Esto es injusto para ti porque no tiene en cuenta el hecho de que podrían encontrarte en un mal día cuando te someten a esta prueba.

Los narcisistas quieren que sus víctimas sientan que eres incompetente. Si cometes un error en su presencia, ellos serán los primeros en señalarlo. Esto es muy contrario a cómo se supone que hay que actuar cuando ellos cometen un error. Se supone que no debes decir nada y mimar sus sentimientos al respecto. Sin embargo, no recibirás el mismo trato. Esto es especialmente fácil de entender para aquellos que crecieron con un padre narcisista. Hacer cosas delante de ellos era muy estresante debido a este comportamiento.

El objetivo del manipulador en cualquier caso es afirmar el dominio sobre el otro y proteger su ego. El manipulador ve a todo el mundo como un oponente y quiere poner a esa persona en sus talones, para que se sienta desequilibrada. Comúnmente utilizan varias tácticas para hacer que la otra persona dude de sí misma y de sus argumentos, así como para asegurarse de que ellos mismos no serán cuestionados o confrontados sobre sus acciones. No quieren asumir la responsabilidad de sus acciones, y es crucial para ellos que se les vea como la víctima. Desde luego, no quieren cambiar nada de sí mismos ni de su forma de relacionarse con los demás, aunque suelen dejar un rastro de relaciones dañadas a su paso.

Los manipuladores encubiertos tienden a tener una relación muy floja con la verdad. De hecho, mienten a menudo y repetidamente, incluyendo todo tipo de mentiras, desde la omisión hasta la mentira descarada. Los manipuladores encubiertos tienden a utilizar estadísticas inventadas que parecen apoyar su argumento y, en general, hacen que la otra persona se cuestione. Además, la negación de las acciones es común para un manipulador. Incluso si tú sabes la verdad y ellos saben que tú la sabes, la persona seguirá buscando cualquier base para una negación plausible.

Además, a los manipuladores les gusta enfrentarse a ti cuando tienen el control del lugar. Así, por ejemplo, pueden invitarte a su casa para enfrentarse a ti por algo o para pedirte un gran favor y así tener la "ventaja de campo" sobre ti. Se sentirán más cómodos en su propio espacio y tú te sentirás desequilibrado. En efecto, el manipulador probablemente tratará de influir en ti para que tomes una decisión rápida, dándote muy poco tiempo para decidir. Tal vez quiera que inviertas tiempo y/o dinero en algo y te diga que debes "lanzarte ahora" o lo hará otra persona y te perderás cuando llegue el momento de cosechar los beneficios.

Un manipulador también puede utilizar un tono de voz áspero y ser ruidoso y tú puedes sentir que te está "hablando a ti". El manipulador puede levantar la voz y utilizar un lenguaje corporal agresivo cuando habla contigo para imponer su dominio. El propio volumen y la fuerza física de sus argumentos están diseñados para llevarte a la conclusión de que ellos tienen razón y tú estás equivocado, por lo que debes someterte a sus demandas o admitir que tienen razón.

Puede que quieran que aceptes que algo no ocurrió cuando estás seguro de que sí. El manipulador quiere que abandones el sentido de lo que está sucediendo y que dudes de tu percepción de las cosas lo suficiente como para que ellos puedan conseguir lo que quieren de ti o dejarles pasar algo, liberándoles de cualquier consecuencia.

El manipulador quiere que dudes de ti mismo, por lo que te criticará, tirando de los hilos de algo de lo que ya estás acomplejado, que podría ser tu peso, o incluso lo gruesas que son tus gafas de leer. Usarán cualquier cosa que te haga sentir inseguro. Esta persona también rechazará tus sentimientos si intentas sacar el tema, diciendo que tienes que ser capaz de aceptar una broma. Dado que no pueden aceptar ninguna responsabilidad por sí mismos, querrán que tú lo hagas y tratarán de hacerte sentir culpable mientras lo hacen. Comúnmente, tratarán de amontonar la culpa sobre una persona, haciéndola sentir responsable de todo lo relacionado con su vida.

Por ejemplo, el marido que le dice a su mujer que habría conseguido el ascenso si ella le hiciera más cumplidos. La culpa es de ella porque no le acaricia el ego lo suficiente. Otro ejemplo podría ser la esposa que culpa a su marido de que no sea feliz en su vida. Por ejemplo, si él fuera mejor proveedor y pudiera permitirse una casa más grande, ella estaría más satisfecha. En cualquier caso, el objetivo es avergonzar a la otra persona y hacerla responsable de algo que realmente está fuera de su control. No es posible que la mujer se gane el ascenso para su marido y la felicidad como estado del ser es una elección; ninguna posesión material puede crearla ni la falta de ella eliminarla.

En última instancia, el manipulador quiere ser visto como la víctima. Incluso con todo el maltrato y los comportamientos negativos que hacen pasar a una persona, se molestarán mucho si la otra persona finalmente quiere dejarla. De hecho, pueden tomar medidas drásticas para influir en la persona para que se quede con ellos.

Prepárate para la posibilidad de que amenacen con suicidarse o hacerse algún otro tipo de daño al saber que podrían perderte. Es fundamental tener en cuenta que te están manipulando. Quedarte solo prolongará tu sufrimiento y si realmente crees que la persona podría hacerse daño, siempre puedes contactar con las autoridades.

Asimismo, no estás preparado para manejar esta situación, aunque seas un profesional de la psicología con formación, porque estás demasiado cerca de ella. Además, con el tiempo, el trauma que un manipulador encubierto inflige a una persona puede afectar a su autoestima y a su salud emocional. Quienes manipulan no detienen estos comportamientos, así que tanto si te vas como si te quedas, continuará. Solo puedes controlar si estos comportamientos continúan o no hacia ti. Si otras personas quieren seguir en contacto con ellos y seguir siendo maltratados por ellos, es su decisión.

Capítulo 4: Manipulación encubierta en una relación amorosa

Es fácil encontrarse en una relación romántica con un narcisista. El bombardeo de amor es difícil de ignorar. Te harán sentir como si fueras la persona más importante del mundo para ellos y te colmarán de gestos amorosos como poemas, cartas de amor, regalos o simplemente el hecho de que siempre tienen tiempo para ti.

Es posible que las primeras veces que reaccionen de forma exagerada a algo, puedas justificarlo en tu mente. Hay una etapa sencilla en una relación en la que un beso y unas cuantas palabras ñoñas pueden arreglar cualquier discusión. No obstante, a medida que pasa el tiempo hay que ser capaz de resolver los conflictos con una persona a través de una comunicación honesta.

Un narcisista no puede tener una discusión productiva. Cuando las personas en una relación sana y amorosa están en desacuerdo, su objetivo es aprender a comunicarse mejor y averiguar dónde se produjo el error de comunicación esta vez. Cuando se trata de un abuso narcisista, quieren degradar y avergonzarte.

Hay una cosa que se llama una discusión productiva. Es aquella en la que no hay insultos ni acusaciones. Una discusión tampoco es el momento de sacar a relucir los agravios del pasado. Esto se conoce como el método del "fregadero de la cocina". Esta es una forma muy poco saludable de discutir, pero que a menudo es utilizada por los narcisistas. Pretenden hacerte sentir como una persona equivocada.

Ellos no te escucharán si vienes a ellos con una preocupación sobre la forma en que te tratan. Dirán algo como "¿crees que eres perfecto?". Esto desvía la atención de lo que han hecho y que es hiriente para ti. Por ejemplo, puedes decirles que no quieres que te insulten. Su respuesta es: "Tú tampoco eres siempre un rayo de sol a mi alrededor". En esta situación, no te han escuchado en absoluto. Han cerrado lo que intentabas decirles.

La primera reacción de un narcisista será siempre la de autoprotegerse. No les interesa escuchar tu punto de vista, ni quieren llegar a un compromiso. Quieren asegurarse de no tener ninguna mancha en su carácter. Porque si no son intachables, no valen nada. Ese es su proceso de pensamiento. Lo más probable es que esto se deba a que durante la infancia solo se les elogiaba cuando tenían éxito.

El narcisista encubierto será honesto contigo sobre cuáles son sus quejas en una relación. En cambio, acudirán a otras personas. Muchas veces habrá una situación de engaño que surja de esto, pero tratarán de reunir a muchas personas en contra de su pareja. A menudo pretenden empañar la idea que los amigos comunes tienen de ellos.

El desahogo con un confidente, como un mejor amigo o un miembro de la familia, está bien, y de hecho es algo que se necesita hacer a veces. Hablar mal de tu pareja no lo es. Cuando se acude a un confidente con un problema legítimo, hay que preservar la integridad de la relación. Esto se debe a que estás hablando con alguien ajeno a la situación y que no compartirá lo que dices con otras personas.

Si bien la comunicación con tu pareja es esencial, a veces hay cosas que necesitas expresar que solo causarían daño a la otra persona.

Está bien tener cosas que decir que no quieres que tu pareja escuche. El problema se complica cuando una persona acude sistemáticamente a otra persona ajena a la relación con la intención de criticar a su pareja.

Hay una diferencia entre desahogarse y criticar. Aunque se digan palabras duras cuando una persona se desahoga, sigue valorando a la otra persona. Como seres humanos, nos frustramos los unos con los otros, especialmente si tenemos una relación íntima, lo que inevitablemente conllevará malentendidos y desacuerdos.

Este es un ejemplo de desahogo: "Me duele cuando hablan por teléfono en la mesa. Me hace sentir que prefieren pasar su tiempo libre hablando con otras personas además de conmigo". Por otro lado, esto es un ataque. "Es imposible vivir con ellos. Siempre están al teléfono, ignorándome. Siempre me esfuerzo y nunca dan nada a cambio".

En el primer ejemplo, la persona expresa su frustración, pero no habla de ella de forma negativa ni pretende dañar su reputación. Sin embargo, en el segundo ejemplo, el lenguaje es incendiario y deja entrever un profundo resentimiento hacia la otra persona.

"Tú siempre" y "tú nunca" son términos que los narcisistas utilizan en sus discusiones. Esto es para hacerte sentir mal porque están insinuando que nunca has hecho una sola cosa bien a lo largo de la relación.

Los narcisistas son famosos por sus celos. Ponen en tela de juicio todas las interacciones que tienes con todas las personas de tu vida, especialmente con el género que prefieres. Jamás podrás asegurarles lo suficiente que no les vas a dejar por otra persona. Actuar con celos está diseñado para aislarte. Todo y todos en tu vida les hace sentirse amenazados. Luego sentirá que tiene que hacer cosas y hablar con la gente en secreto si no quiere tener una vida completamente vacía, y en ese momento estará contribuyendo a la disfunción de la relación.

Los celos no son bonitos. No significa que tu pareja esté tan enamorada de ti que le duela verte hablando con otra persona. Puede sonar muy romántico cuando lo dicen así y puede hacerte sentir amada, pero lo que realmente significa es que quieren adueñarse de ti.

Es crucial recordar que hay que mantener las prioridades claras cuando se empieza la universidad. Si estás saliendo con alguien y te dice constantemente que teme que conozcas a otra persona cuando te vayas, esto es nefasto. Intentan presionarte para que les demuestres que les eres fiel, lo que significará que tu atención estará dividida mientras intentas navegar por el complejo entorno que es la universidad. Tienes que centrarte en tus estudios, sobre todo al principio.

Una persona celosa llamará a menudo y querrá mantener largas conversaciones. No puedes hacer esto y estudiar al mismo tiempo. Cualquiera que te haga sentir que tienes que elegir entre ellos y seguir tu educación y las cosas que te harán avanzar en tu carrera no es adecuado para tu vida. Puede que te digan que nunca los quisiste en primer lugar si eliges tu educación, pero no te pusieron en primer lugar si te hicieron sentir que necesitas limitarte para mantenerlos.

Esto lleva a otra cosa que un narcisista hace en una relación. Dan ultimátums. Dirán "vale, bien, o dejas de ir a esa clase o rompemos. Es tu elección". Esto puede sonar extremo, pero así de irrazonables serán las demandas de un narcisista. Dirán que es tu elección, pero en realidad es una amenaza.

Las personas narcisistas encubiertas albergan resentimientos indefinidamente. Pueden decir que el conflicto ha terminado y que lo han superado, pero si haces algo que les cause un daño narcisista, volverás a oír hablar de ello a perpetuidad. Aquí es donde comienza un doble estándar en la relación. Pueden decir y hacer cosas extremadamente groseras e hirientes hacia ti, y esperarán que los perdones después de darte una disculpa a medias. Una vez terminada la pelea, se espera que sigas adelante antes de que puedas tener la oportunidad de procesar tus sentimientos, mientras que ellos se sienten heridos para siempre por las cosas que has hecho.

Si estás en una relación con un narcisista, a menudo serás comparado desfavorablemente con otras personas. Se te dirá que eres mucho más difícil de llevar que estas personas. Esto se debe a que en el fondo, un narcisista tiene una mentalidad muy juvenil. Quieren lo que es más beneficioso para ellos en ese momento. Tampoco entienden por qué todos los demás parecen ser mucho más fáciles de llevar que su pareja.

No conviven con esas otras personas que parecen tan brillantes. Solo los ven cuando están en su mejor momento, y cuando pasan tiempo con ellos son los buenos momentos: por ejemplo, es una reunión de vecinos y todos están vestidos de la mejor manera. Hay bebidas y comida en la parrilla, todos ríen y hablan, y cuando la fiesta termina todos se van. Toda la limpieza se deja en manos de los anfitriones de la fiesta. Vemos todas las facetas de nuestros cónyuges o parejas. Solo vemos una cierta profundidad de nuestros conocidos. Las conversaciones con las personas que no se ven tan a menudo son mucho menos intensas.

Esto debería ser un concepto simple y obvio, pero es uno que pasa por encima de la cabeza de un narcisista. Se fijan en las personas que solo ven de vez en cuando y las comparan con la persona con la que viven y, por tanto, ven todos los días en todos los estados, incluso los menos glamurosos. Es posible que estén casados e incluso tengan hijos con esta persona. El matrimonio es difícil incluso cuando la relación es sana, especialmente cuando los hijos entran en la ecuación porque ahora no solo están tratando de navegar por la vida entre los dos, pero ahora ambos son responsables de la vida, el crecimiento y el bienestar de otras personas.

Hay que limpiar la casa, pagar las facturas y llevar la comida a la mesa. Cuando se comparten responsabilidades tan grandes con alguien, no siempre se está a gusto con el otro. Si tienes problemas económicos o uno de los hijos empieza a portarse mal, los ánimos se calientan y las discusiones son más frecuentes. Cuando comparas a alguien con quien tienes un matrimonio e hijos y tienes que pasar el día a día con alguien a quien solo ves cuando las cosas van bien para ambos, por supuesto, tu pareja saldrá no pareciendo tan buena como la otra persona. Los narcisistas tampoco piensan en los hábitos que tienen y que pueden resultar poco atractivos para su pareja. No se plantean la idea de que ellos mismos podrían no ser fáciles de vivir.

Un narcisista no tiene en cuenta ninguno de estos factores cuando descarta a una pareja romántica para iniciar una relación con otra persona. Al mismo tiempo que son infieles a su pareja, también son groseros con ella. De este modo, su pareja se siente completamente desmotivada para intentar ser atractiva o tener intimidad con ella. Hablan con esta persona como si fuera un perro y fantasean con lo mejor que sería la vida con la persona a la que engañan. Piensan en lo mucho que se divierten con esta persona. Creen que su pareja no es divertida y que la persona que ven en secreto es mucho más excitante que ellos.

Además, no piensan en el hecho de que esta otra persona no paga las facturas con ellos ni cuida de los niños. Al estar con la persona a la que engañan, es una cita secreta en la que no hay responsabilidades, solo diversión y sexo, y el hecho de que sea un secreto lo hace mucho más excitante. Crean una versión idealizada de esta persona mientras su resentimiento hacia su pareja actual crece cada vez más con el tiempo. La ven como una persona que los mantiene confinados en una vida que no desean.

En caso de que te hayan engañado y descartado de esta manera, no lo veas como un fracaso personal. La responsabilidad recae en la pareja que le ha sido infiel. Es solo cuestión de tiempo que empiece a tener que pasar por las partes más complicadas y menos glamurosas de la vida con esta persona, y entonces ya no le parecerá tan bonito en comparación con usted. Los narcisistas no son dueños de ninguna parte de la disolución de una relación, por lo que entran en una nueva cometiendo exactamente los mismos errores que cometieron en las anteriores. Su mentalidad es infantil: "¿Qué hay para mí? ¿Qué estás haciendo por mí en este momento?".

Te mereces algo mejor que esto en una pareja. Te mereces a alguien que vea más en ti que lo que pueda obtener de ti. La pareja adecuada pensará en maneras de hacerte la vida más fácil.

Conclusión

¡Gracias por llegar hasta el final de Manipulación y Psicología Oscura! Deseo que haya sido informativo y que te haya proporcionado todas las herramientas que necesitas para alcanzar tus objetivos, sean cuales sean.

El arte de la manipulación y la psicología oscura son temas fascinantes sobre los que espero que ahora te sientas informado y seguro. A pesar de que la mente humana es un código complejo, se puede resolver, y cuando sabes lo que quieres obtener de alguien, lo único que se necesita es un poco de tiempo, paciencia, conocimiento y práctica para acercarte a tus deseos.

Ya has aprendido todo sobre el concepto de psicología oscura y cómo se relaciona con muchos subtemas como la persuasión, la manipulación, el lavado de cerebro y la seducción. Las personalidades de la Tríada Oscura presentan una clara demostración de cómo el arte de la psicología oscura puede ser utilizado para las peores intenciones.

La persuasión es un elemento crucial a la hora de ganarse la confianza y el respeto de los que te rodean, aunque también se puede utilizar para un sinfín de propósitos diferentes. No existe ningún límite a las ganancias que se pueden obtener una vez que se domina cómo hablar con la gente y convencerla de cualquier verdad o mentira que se presente. Todo es cuestión de organización y presentación, de aprovechar las emociones y convicciones de una persona, así como de dar una impresión positiva de ti mismo como persona digna de confianza. Ya te has familiarizado con los tres modos de persuasión de Aristóteles y cómo se comparan y contrastan entre sí.

Cuando dos personas se encuentran por primera vez ocurren muchas más cosas de las que la mayoría de la gente percibe. La mayoría de la gente está tan preocupada por sí misma y por otros pensamientos que nunca se da cuenta de las sutiles señales que la gente emite continuamente, transmitiendo sus sentimientos y pensamientos. Cuando conozcas los trucos para captar la comunicación no verbal y el lenguaje corporal, podrás leer mucho sobre las personas antes de que abran la boca para presentarse. Si puedes leer la sala y evaluar a la gente, ya tienes una ventaja sobre cualquier otra persona que intente ganarse su afecto, su apoyo político o una transacción de venta. Se trata de tomarse el tiempo necesario para aprender y practicar en el mundo real una vez que se ha decidido emprender el arte de la psicología oscura. No es posible llegar a sentirse cómodo con estas técnicas sin observación y práctica. Descubrirás que cuanto más seguro estés de tus estrategias, más cómodas y naturales serán, dejando a tus objetivos completamente a oscuras sobre lo que está pasando bajo la superficie.

Por último, te han presentado los 16 tipos de personalidad diferentes, que forman parte del análisis de personalidad de Myers-Briggs. Posiblemente te convencieron de que te hicieras el test tú mismo para tener una mejor idea de los rasgos de personalidad que más exhibes. Ahora que sabe más, puede seguir investigando cómo interactúan estos rasgos y cuáles pueden ser sus puntos fuertes y vulnerables inherentes. La mayoría de las personas permanecen ciegas a las debilidades que tratan de ignorar durante el mayor tiempo posible. Conocerse a sí mismo es la mejor manera de empezar a construir cómo va a operar en términos de obtener lo que quiere de cualquier situación.

Si hay algo que te has llevado de este libro más que cualquier otra cosa, es mi esperanza de que te hayas vuelto mucho más confiado en tu propia capacidad para reconocer y rechazar a aquellos que podrían desear dañarte de alguna manera a través de la práctica de técnicas de manipulación y otras herramientas de la psicología oscura. Tal y como se ha dicho muchas veces a lo largo de este libro, espero que valores el hecho de que te has vuelto mucho más conocedor y capaz de identificar cuando alguien está intentando utilizarte o hacerte daño para su propio beneficio. Ahora debes sentir que puedes reconocer al sociópata, al narcisista o incluso al psicópata en la habitación, en caso de que haya uno, y, en consecuencia, saber que debes mantenerte lo más alejado posible.

Por último, si este libro te ha resultado útil de alguna manera, ¡una reseña en Amazon siempre es apreciada!

CPSIA information can be obtained
at www.ICGtesting.com
Printed in the USA
LVHW011237060621
689455LV00002B/206